Impressum

5 4 3 2 1 21 20 19 18 17
978-3-88117-130-4

Cover und Layout: Nieschlag + Wentrup, Münster
Text und Rezepte: Agnes Prus
Illustration: Kristina Ballerstaedt, Nieschlag + Wentrup
Redaktion: Franziska Grünewald
Satz: FSM Premedia, Münster

www.hoelker-verlag.de

Inhalt

Himmlische Himbeere 4

Rezepte

Frühstücksglück 8
Herzhafte Leckereien 13
Süße Träume 22
Drinks 30

Rezeptübersicht 32

Himmlische Himbeere

Samtig-weich, rubinrot und von unendlich floralem Aroma — Himbeeren lassen nahezu jeden im Nu auf einer rosaroten Sommerwolke schweben. Kein Wunder also, dass dem zierlichen Früchtchen eine positive Wirkung auf das Gemüt nachgesagt wird. Wie so häufig gehen Aberglaube und tatsächliche Wirksamkeit auch hier Hand in Hand: Dass es uns ein Lächeln auf die Lippen zaubert, liegt zwar vor allem an seinem herrlichen Geschmack, es ist aber auch prallvoll mit gesund und glücklich machenden Inhaltsstoffen. Eine richtige Powerbeere!

Von edler Abstammung

Die Himbeere stammt aus Südosteuropa und gehört zur Familie der Rosengewächse — die Dornen an den Sträuchern erinnern an diese Verwandtschaft. Botanisch gesehen ist sie übrigens keine Beere: Jede einzelne Himbeere setzt sich aus etlichen klitzekleinen Früchten zusammen und zählt somit zu den Sammelsteinfrüchten. Bei den nahezu 200 Sorten reicht das Farbspektrum bei den Himbeer-Klassikern von rot bis pink, es gibt aber auch brombeerfarbene, goldene und fast weiße Beeren. Bereits die Menschen in der Steinzeit schätzten die kleine Frucht, damals wohl die säuerliche Waldhimbeere. Angebaut wurde sie seit dem Mittelalter in Klostergärten und zählt somit zu den ältesten Kulturfrüchten Deutschlands.

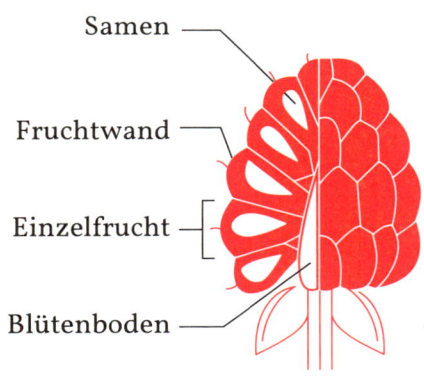

Samen

Fruchtwand

Einzelfrucht

Blütenboden

Kleines Früchtchen – große Wirkung

Auch unsere Vorfahren erfreuten sich bestimmt an ihrem köstlichen Geschmack, weit größere Bedeutung hatte die Himbeere aber als Heilpflanze. Sie wirkt sowohl entzündungshemmend als auch fiebersenkend und liefert zudem die Vitamine A, B und C. Besonders praktisch für alle Naschkatzen: 150 Gramm der leckeren Früchte decken ein Drittel des Vitamin-C-Bedarfs eines Erwachsenen. Doch auch ein anderer Inhaltsstoff der Himbeere fördert ein starkes Immunsystem, nämlich Phenolsäure. Sie bekämpft freie Radikale und soll sogar Krebserkrankungen entgegenwirken. Himbeeren enthalten außerdem viel Folsäure und überzeugen durch ihren Kalium-, Magnesium- und Eisengehalt. Dank des Vitamin C kann unser Körper das Eisen auch noch äußerst gut verwerten. Und all diese Wohltaten vollbringt das kleine Multitalent, ohne uns mit irgendwelchen versteckten Nachteilen zu behelligen, denn ihr Kaloriengehalt von ca. 34 kcal/100 g ist äußerst gering.

Der Gehalt an gesundheitsfördernden Inhaltsstoffen ist in frischer, regionaler Bio-Ware am höchsten. Er steigt, je länger die Frucht am Strauch reifen durfte und sinkt ab dem Zeitpunkt der Ernte stetig. Erhitzen und Entkernen reduzieren die Vitalstoffe der Früchte zwar auch, öffnen aber kulinarisch gesehen außerordentlich viele Genuss-Türchen.

Einkauf und Lagerung

Ab Juni ist es immer so weit — die ersten heimischen Himbeeren strahlen uns verlockend entgegen. Bis September reifen diese sogenannten Sommerhimbeeren, während die Herbstsorten von August bis in den Oktober hinein Früchte tragen. Himbeeren reifen nach dem Pflücken nicht nach und verderben recht schnell, daher sollte man nur vollreife und einwandfreie Ware kaufen.

Werden sie nicht am Tag des Einkaufs verzehrt, empfiehlt es sich, die druckempfindlichen Früchte locker nebeneinander im Kühlschrank aufzubewahren. So bleiben sie 1 – 2 Tage frisch. Waschen sollte man die zarten Beeren nur, wenn sie deutlich schmutzig sind, denn das Wasser spült auch das Aroma etwas ab. Auf Küchenpapier können sie anschließend „trocken gekullert" werden. Verdorbene Früchte unbedingt sofort aussortieren, denn möglicher Schimmel überträgt sich sehr schnell.

Hat man eine reiche Himbeerernte oder allzu viele gekauft, kann man sie auch sehr gut einfrieren. Nach dem Auftauen verlieren sie zwar etwas die Form und recht viel Saft, eignen sich aber prima für Marmelade, Cremes oder kühle Sommergetränke.

Lieblingspartner

Schaut man sich in der Familie der Rosengewächse um, findet man sehr schnell wunderbare Partner für die liebliche Himbeere: Neben Aprikose, Brombeere, Erdbeere oder der zart-süßen Mandel ist dies auch die namensgebende Rose. Diese Verwandten unterstreichen das blumige Aroma der Himbeere oder fangen ihre Säure sanft auf. Blümchen begegnen der Himbeere außerdem gerne in Form von Lavendel- und Akazienhonig oder der wunderbaren Vanille. Die Frische von Kräutern, z. B. Minze oder Basilikum, oder auch von saftiger Ananas harmoniert ebenfalls gut mit dem sommerlichen Himbeeraroma.

Auch in herzhaften Gerichten macht sie eine gute Figur: Die säuerliche Frucht bildet ein schönes Gegengewicht zu fettreichen Partnern wie Lachs, Schweinefleisch oder Ente. Zudem profitieren auch gehaltvolle Kokos- oder Haselnüsse von einer Kombination mit Himbeeren — man denke nur an Linzer Torte! Köstlich schmeckt sie außerdem zu vielen Milchprodukten wie Weichkäse, Sahne oder Mascarpone und natürlich — last, but not least — Schokolade, Schokolade, Schokolade!

Himbeeren

Rezepte für Genießer

Rezepte

Himbeer-Schoko-
Konfitüre mit Mandeln

FÜR 500 ML

100 g Mandelstifte
500 g Himbeeren
100 g Rohrohrzucker

1 Vanilleschote, Mark ausgekratzt
200 g Vollmilchschokolade,
    fein gehackt

Die Mandelstifte bei mittlerer Hitze in einer Pfanne ohne Fett anrösten. Vom Herd nehmen und beiseitestellen.

Die Himbeeren mit Zucker in einen Topf geben, zum Kochen bringen und unter Rühren 3 Min. kochen lassen. Nach Belieben durch ein feines Sieb in einen sauberen Topf passieren. Die gerösteten Mandeln und Vanillemark zugeben und alles erneut aufkochen. Vom Herd nehmen, Schokolade zufügen und unter Rühren schmelzen. Die Konfitüre in 2 sterilisierte Gläser füllen und im Kühlschrank aufbewahren.

TIPP

Für eine etwas festere Konsistenz statt Rohrzucker
die gleiche Menge Gelierzucker 2:1 verwenden.

Himbeer Curd

FÜR CA. 250 ML

250 g Himbeeren
100 g feinster Zucker
Abrieb und 2 EL Saft von
   1 Bio-Zitrone

2 Eier
2 Eigelb
80 g Butter, in Würfeln

Die Himbeeren mit Zucker, Zitronenabrieb und -saft in einen Topf geben, zum Kochen bringen und unter Rühren köcheln lassen, bis die Früchte zerfallen. Durch ein feines Sieb in eine saubere Schüssel passieren.

Die Eier und Eigelbe zugeben und mit einem Schneebesen kräftig unterrühren. Butter untermischen und die Masse über dem Wasserbad unter Rühren erhitzen (auf keinen Fall kochen!), bis die Butter geschmolzen ist. Mit einem Holzlöffel in ca. 10 Min. cremig rühren. In ein sterilisiertes Glas füllen und im Kühlschrank aufbewahren.

TIPP

Die Creme wird etwas fester, wenn sie abgekühlt ist.
Himbeer Curd schmeckt prima als Brotaufstrich,
man kann damit aber auch sehr gut Kuchen füllen oder
bestreichen und tolle Desserts zaubern.

Himbeer-
Kardamom-Bircher

FÜR 2 PORTIONEN

100 g Haferflocken
2 EL gemahlene Mandeln
2 EL Leinsamen
1 EL Kürbiskerne
1½ TL Zimt
1 Prise Meersalz
450 ml Milch
  (alternativ Mandelmilch)

3 Kardamomkapseln, zerstoßen
4 EL Orangensaft
200 g Himbeeren
4 EL flüssiger Honig
2 EL Mandelblättchen

Die Haferflocken in einem Topf mit Mandeln, Leinsamen, Kürbiskernen, Zimt und Salz vermischen. Mit Milch übergießen, verrühren und über Nacht im Kühlschrank quellen lassen. (Alternativ für die Zubereitung als Porridge die Mischung aufkochen, vom Herd nehmen und abgedeckt 5 – 10 Min. quellen lassen.)

Die Kardamomkapseln mit Orangensaft und 80 g Himbeeren in einem kleinen Topf unter Rühren erwärmen, bis die Früchte zerfallen. Abkühlen lassen, 3 EL Honig unterrühren und das Fruchtpüree durch ein Sieb passieren. Die restlichen Himbeeren unterheben und ebenfalls über Nacht, mind. aber 10 Min., marinieren.

Die Haferflockenmischung in Schälchen füllen und die Himbeeren mitsamt Marinade locker unterheben. Mit Mandelblättchen bestreuen und mit dem restlichen Honig beträufelt servieren.

Arme Ritter
mit gerösteten Himbeeren

FÜR 2 PORTIONEN

Für die Himbeeren
2 EL Ahornsirup
1 TL Balsamicoessig
1 kl. Prise Meersalz
250 g Himbeeren

Für den Toast
150 g Ricotta
1 Pck. Bourbon-Vanillezucker

1 EL Ahornsirup + etwas zum
  Servieren
1 TL Abrieb von ½ Bio-Orange
6 Scheiben Toastbrot
2 Eier
100 ml Milch
½ TL Zimt
1 Prise Meersalz
1–2 EL Butter

Den Backofen auf 200 °C vorheizen. Den Ahornsirup mit Balsamicoessig und Salz vermischen und die Himbeeren darin wenden. In eine Auflaufform füllen und 30 Min. im Ofen rösten.

Den Ricotta in einer Schüssel mit Vanillezucker, Ahornsirup und Orangenabrieb glatt rühren. Drei Scheiben Toast damit bestreichen und je eine weitere Scheibe darauflegen. Die Brote diagonal halbieren, sodass Dreiecke entstehen.

In einem tiefen Teller die Eier mit Milch, Zimt und Salz verquirlen. Die Butter in einer Pfanne zerlassen. Die gefüllten Brote in der Eiermischung wenden, kurz (!) ziehen lassen und in der Butter goldbraun braten. Auf Teller verteilen, großzügig geröstete Himbeeren dazugeben und mit etwas Ahornsirup beträufelt servieren.

TIPP

Für Arme Ritter kann man auch sehr gut Hefezopf vom Vortag verwenden.

Himbeer-
Mandel-Schnecken

FÜR CA. 14 STÜCK

Für den Teig

125 ml Milch

½ Vanilleschote, Mark ausgekratzt

330 g Dinkelmehl + etwas für die Arbeitsfläche

1 Pck. Trockenhefe

1 TL Zimt

¼ TL Kardamom (optional)

1 Prise Meersalz

50 g Akazienhonig

2 Eier

50 g weiche Butter, in Würfeln

Für die Füllung

60 g Crème fraîche

1 EL Bourbon-Vanillezucker

1 EL Akazienhonig

100 g Mandelstifte

80 g weiße Schokolade, grob gehackt

ca. 150 g Himbeeren (frisch oder TK)

Zum Bestreichen

1 Eigelb

1 EL Milch

Für den Teig die Milch mit dem Vanillemark und der -schote aufkochen. Vom Herd nehmen und lauwarm abkühlen lassen, die Schote entfernen. Die restlichen Zutaten in eine große Schüssel geben und mit der Vanillemilch in ca. 10 Min. zu einem glatten Teig verkneten. Abgedeckt an einem warmen Ort zur doppelten Größe aufgehen lassen.

Den Teig auf der bemehlten Arbeitsfläche 1 cm dick zu einem Rechteck ausrollen. Den Backofen auf 175 °C vorheizen. Die Crème fraîche mit Vanillezucker und Honig glatt rühren und auf dem Teig verstreichen. Mit Mandeln, weißer Schokolade und Himbeeren (TK-Ware unaufgetaut) belegen.

Den Teig von der Längsseite her aufrollen und mit einem scharfen Messer in ca. 2,5 cm breite Schnecken schneiden. Auf ein mit Backpapier belegtes Blech setzen und 20 Min. gehen lassen. Das Eigelb mit der Milch verquirlen, die Schnecken damit bepinseln und ca. 20 Min. im Ofen backen.

Himbeer-Estragon-Essig

FÜR CA. 1 L

2 Stängel Estragon
500 g Himbeeren + 5 Himbeeren zum
   Einlegen

800 ml Weißweinessig
1 EL Honig

Den Estragon etwas andrücken und mit den Himbeeren in zwei sterilisierte Schraubgläser füllen. Den Essig in einem Topf bei geringer Hitze leicht erwärmen. Über die Himbeeren und den Estragon gießen, die Gläser verschließen und bei Zimmertemperatur 2 Wochen ziehen lassen.

Ein Sieb mit einem Mulltuch auskleiden und den Essig in einen Topf abseihen. Die Himbeeren mit dem Tuch auspressen. Den Himbeeressig erneut bei niedriger Temperatur erhitzen. Den Honig unterrühren und den Essig in eine sterilisierte Flasche füllen. Nach Belieben frische Himbeeren zugeben und die Flasche gut verschließen.

Sommersalat
mit Himbeeren und Ziegenkäse

FÜR 2 PORTIONEN

Für den Salat
200 g gemischte Blattsalate (z. B.
Lollo rosso, Rucola, Feldsalat oder
junger Spinat)
1 EL Butter
3 Knoblauchzehen, in feinen
Scheiben
1 Zweig Rosmarin
250 g Pfifferlinge
Meersalz

frisch gemahlener Pfeffer
125 g Himbeeren
60 g Ziegenkäserolle, in Würfeln

Für das Dressing
4 EL Olivenöl
2 EL Himbeeressig (s. auch S. 13)
1 TL Akazienhonig
Meersalz
frisch gemahlener Pfeffer

Die Blattsalate auf Teller verteilen. Aus Olivenöl, Essig, Honig, Salz und Pfeffer ein Dressing anrühren und beiseitestellen.

In einer Pfanne die Butter zerlassen. Den Knoblauch mit dem Rosmarinzweig kurz anbraten, dann die Pfifferlinge zugeben und unter Rühren 2 – 3 Min. andünsten. Mit Salz und Pfeffer würzen, vom Herd nehmen und ein wenig abkühlen lassen. Die Pilze auf dem Blattsalat verteilen und alles mit Dressing beträufeln. Die Himbeeren und den Ziegenkäse darüberstreuen und den Salat sofort servieren.

TIPP

Wer es würziger mag, kann 3 Scheiben Bacon kross anbraten,
auf Küchenpapier abtropfen lassen und würfeln.
Das ausgetretene Fett statt Butter zum Anbraten der anderen
Zutaten verwenden und den Salat mit Bacon servieren.

Spinat-Himbeer-Salat
mit Grillhähnchen und Mango

FÜR 4 PORTIONEN

Für das Dressing

4 EL Himbeeressig (s. auch S. 13)

2 EL Balsamicoessig

2 EL Sojasoße

2 TL Himbeermarmelade ohne Kerne

1½ TL Dijon-Senf

½ TL Meersalz

¼ TL Chilipulver

160 ml Olivenöl

1 Stück Ingwer (1 cm), fein gehackt

2 Knoblauchzehen, gepresst

Für den Salat

4 Hähnchenbrustfilets à ca. 150 g

1 EL Öl

400 g junger Spinat

½ Bd. Basilikum, Blättchen abgezupft

2 Stängel Minze, grob gehackt

2 Frühlingszwiebeln, in feinen Ringen

1 Mango, gewürfelt

200 g Himbeeren

40 g Walnusskerne, grob gehackt

Für das Dressing alle Zutaten bis auf den Ingwer und Knoblauch cremig rühren. Zum Schluss Ingwer und Knoblauch unterrühren.

Die Hähnchenbrust in einen großen Gefrierbeutel geben. 6 EL Dressing zufügen, den Beutel verschließen und die Marinade gut darin verteilen. Das Fleisch im Kühlschrank 2 Std. marinieren.
Öl in einer Grillpfanne erhitzen. Die Filets von beiden Seiten je 7 Min. braten. Etwas abkühlen lassen und in Scheiben schneiden.

Den Spinat mit Basilikum, Minze und Frühlingszwiebeln vermischen und auf Tellern anrichten. Mit Hähnchen, Mango und Himbeeren belegen, mit dem restlichen Dressing beträufeln und mit Walnüssen bestreut servieren.

Grüne-Bohnen-Salat
mit Himbeeren

FÜR 4 PORTIONEN

Für den Salat

500 g Prinzessbohnen

Meersalz

1 EL Butter

60 g Haselnusskerne, grob gehackt

125 g Himbeeren

100 g Feta, grob gewürfelt

Für das Dressing

8 EL Olivenöl

4 EL Himbeeressig

(s. auch S. 13)

2 TL flüssiger Honig

1 TL Dijon-Senf

½ TL Meersalz

¼ TL frisch gemahlener Pfeffer

1 TL Kräuter der Provence

60 g Himbeeren

Die Bohnen in kochendem Salzwasser in ca. 3 Min. bissfest garen. Abgießen, eiskalt abschrecken und gut abtropfen lassen. In eine große Schüssel füllen. Die Butter in einer Pfanne erhitzen und die Haselnüsse darin 2 Min. anrösten. Vom Herd nehmen.

Für das Dressing Olivenöl, Essig, Honig, Senf, Salz und Pfeffer cremig rühren. Die Hälfte des Dressings mit den Kräutern zu den Bohnen geben und 30 Min. ziehen lassen. Das restliche Dressing mit 60 g Himbeeren pürieren und durch ein Sieb passieren. Die Bohnen mit den restlichen Himbeeren, Feta und Haselnüssen bestreuen und mit dem Himbeerdressing beträufelt servieren.

TIPP

Für eine klassische Himbeervinaigrette (sehr lecker zu Feldsalat) 80 g Himbeeren, 6 EL Olivenöl, 3 EL Himbeeressig (s. auch S. 13), 1½ TL flüssigen Honig, 1 TL Dijon-Senf, ½ TL Salz und ¼ TL frisch gemahlenen Pfeffer pürieren und durch ein Sieb streichen.

Gebackener Camembert
mit Honig-Himbeeren

FÜR 2 PORTIONEN

2 EL Mandelblättchen
1 runder Camembert à 250 g
40 ml flüssiger Lavendel- oder
   Akazienhonig

½ Zweig Thymian,
   Blättchen abgezupft
½ TL alter Balsamicoessig
125 g Himbeeren

Den Backofen auf 175 °C vorheizen. Die Mandelblättchen auf einem mit Back-papier ausgelegten Blech in ca. 5 Min. goldgelb rösten. Herausnehmen und abkühlen lassen. (Den Backofen anlassen.) Den Camembert auf der Oberseite mit einem Messer entrinden. Auf das Blech setzen und ca. 15 Min. backen, bis sich die Oberseite etwas wölbt.

Den Honig mit Thymian, Balsamico und 5 Himbeeren in einen Topf geben und bei geringer Hitze unter Rühren leicht erwärmen. Die Früchte dabei mit einer Gabel zerdrücken. Die restlichen Himbeeren unterheben und den Topf vom Herd nehmen.

Den Käse auf einen Teller setzen und die Himbeeren darauf anrichten. Mit Mandelblättchen bestreuen und sofort servieren.

TIPP

Dazu schmecken frisches Baguette und ein würziger Rucolasalat.

Gorgonzola-Linguine
mit Himbeeren

FÜR 4 PORTIONEN

400 g Linguine
Meersalz
200 g junger Spinat, fein gehackt
200 g Gorgonzola, gewürfelt
50 ml Sahne

½ Bd. Petersilie, fein gehackt
Abrieb und 2 EL Saft von 1 Bio-
   Zitrone
50 g Haselnusskerne, grob gehackt
125 g Himbeeren

Die Linguine nach Packungsanweisung in sprudelnd kochendem Salzwasser bissfest garen. 30 Sek. vor dem Abgießen den Spinat untermischen. 4 EL Nudelwasser abschöpfen und beiseitestellen. Die Nudeln und den Spinat abgießen und zurück in den Topf geben.

Gorgonzola, Sahne, Nudelwasser, Petersilie, Zitronenabrieb und -saft sowie die Haselnüsse unterrühren, bis der Käse geschmolzen ist. Die Hälfte der Himbeeren unterheben und die Nudeln auf vorgewärmte Teller verteilen. Mit den restlichen Himbeeren garnieren und sofort servieren.

Mandellachs
mit Himbeer-Rosé-Soße

FÜR 4 PORTIONEN

Für den Fisch

4 Lachsfilets (ohne Haut) à 150 g
Meersalz
frisch gemahlener Pfeffer
2 TL Limettensaft
3 ½ EL Olivenöl
150 g Mandelblättchen

Für die Soße

200 g Himbeeren
2 Zitronengrasstängel (nur der
  helle Teil), längs halbiert
120 ml Roséwein
2 EL Akazienhonig
1 TL Speisestärke

Den Backofen auf 190 °C vorheizen. Den Lachs abspühlen, trocken tupfen und mit Salz, Pfeffer und Limettensaft würzen. Mit 1 ½ EL Olivenöl bestreichen und 10 Min. ziehen lassen. Anschließend die Filets in Mandelblättchen wenden und in eine Auflaufform legen. Im Ofen in ca. 15 Min. goldgelb backen.

Für die Soße ca. ⅔ der Himbeeren in einen Topf geben, den Rest beiseitelegen. Das Zitronengras ebenfalls in den Topf geben und mit den Himbeeren aufkochen. Mit Roséwein ablöschen und die Soße 3 Min. kochen lassen. Die restlichen 2 EL Olivenöl und den Honig unterrühren und die Hitze reduzieren. Die Speisestärke mit 2 EL Wasser glatt rühren und mit der Soße unter Rühren aufkochen. Durch ein feines Sieb passieren, mit Salz und Pfeffer abschmecken und die übrigen Himbeeren untermischen. Die Lachsfilets auf Teller verteilen und mit der Soße beträufelt servieren.

TIPP

Dazu passen Quinoa und grüner Salat.

Steak
mit Himbeer-Whiskey-Rub

FÜR 4 PORTIONEN

Für die Steaks

170 g Himbeeren
150 ml Bourbon Whiskey
2 TL brauner Zucker
2 TL Senfpulver
1 EL schwarze Pfefferkörner,
  grob gemahlen
2 TL Knoblauchgranulat
2 TL Meersalz
1 TL Paprikapulver, edelsüß
1 TL Cayennepfeffer
4 Entrecotes à 200–250 g
  (2–3 cm dick)

Für die Salsa

175 g Himbeeren
1 Mango, in 1 cm großen Würfeln
2 Frühlingszwiebeln,
  in feinen Ringen
½ rote Chilischote, entkernt und fein
  gehackt
2 EL Orangensaft
1 EL Avocado- oder Olivenöl
3 Stängel Basilikum, fein gehackt
½ TL Meersalz

Die Himbeeren mit Whiskey und Zucker in einen Topf geben und mit einer Gabel grob zerdrücken. Zum Kochen bringen und unter Rühren bei mittlerer Hitze ca. 5 Min. köcheln lassen. Kurz abkühlen lassen und durch ein feines Sieb in ein Schälchen passieren. Die restlichen Zutaten bis auf das Fleisch unterrühren. Die Steaks von beiden Seiten mit der Marinade bestreichen und abgedeckt mind. 2 Std., am besten über Nacht, im Kühlschrank ziehen lassen.

Für die Salsa alle Zutaten vermischen, kräftig abschmecken und abgedeckt beiseitestellen. Das Fleisch aus dem Kühlschrank nehmen und in ca. 30 Min. Zimmertemperatur annehmen lassen. Den Holzkohlegrill anheizen. Die Steaks auf den Rost legen und bei starker Hitze pro Seite 3 – 5 Min. grillen. Anschließend noch ca. 5 Min. abgedeckt ruhen lassen. Mit der Salsa servieren.

Schweinemedaillons
mit Himbeer-Schalotten-Soße

FÜR 4 PORTIONEN

600 g Schweinefilet
60 ml Olivenöl + 2 EL zum Anbraten
1 Knoblauchzehe, gepresst
Meersalz
frisch gemahlener Pfeffer
1 Schalotte, halbiert und in feinen
 Scheiben

120 ml trockener Sherry
250 g Himbeeren
2 EL rosa Pfefferkörner
1 EL Himbeeressig (s. auch S. 13)
½ TL Dijon-Senf
150 ml Sahne

Das Schweinefilet abspülen, trocken tupfen und in einen großen Gefrierbeutel legen. Olivenöl und Knoblauch zugeben, den Beutel verschließen und die Marinade gut verteilen. Das Filet mind. 2 Std., am besten über Nacht, marinieren. Aus dem Kühlschrank nehmen, in ca. 30 Min. Zimmertemperatur annehmen lassen, salzen und pfeffern.

Den Backofen auf 220 °C vorheizen. Einen Bräter stark erhitzen und das Filet in Öl rundum scharf anbraten. Im Backofen in 12 – 15 Min. fertig garen. Den Bräter aus dem Ofen nehmen und das Fleisch abgedeckt 10 Min. ruhen lassen. Aus dem Bräter nehmen und in Alufolie wickeln.

Den Bratensatz erhitzen und die Schalotte darin unter Rühren anbraten. Mit Sherry ablöschen. ⅔ der Himbeeren mit rosa Pfeffer, Essig, Senf und Sahne unterrühren und alles bei mittlerer bis starker Hitze auf die Hälfte einkochen lassen. Die Soße mit Salz und Pfeffer abschmecken, dann die restlichen Himbeeren unterheben. Das Schweinefilet in Scheiben schneiden und mit der Himbeersoße anrichten.

TIPP

Dazu passen Gnocchi oder Nudeln.

Himbeer-Biskuitrolle
mit rosa Tupfen

FÜR 1 BISKUITROLLE (CA. 40 CM LANG)

Für die Tupfen
90 g weiche Butter
90 g Puderzucker
1 Eiweiß
1 EL Himbeersirup
90 g Mehl

Für den Biskuit
3 Eier, getrennt
1 Prise Salz
75 g Zucker + etwas zum Verarbeiten
75 g Mehl

25 g Speisestärke
1 TL Backpulver

Für die Füllung
400 g Magerquark
80 g Zucker
50 g Himbeermarmelade
1 TL Bourbon-Vanillezucker
125 g Himbeeren
250 ml Sahne
1½ TL Speisestärke
1½ TL Puderzucker

Den Backofen auf 200 °C vorheizen. Für die Tupfen Butter und Puderzucker cremig rühren. Eiweiß und Sirup untermischen, zuletzt das Mehl unterheben. In einen Spritzbeutel füllen, flache Tupfen auf ein mit Backpapier belegtes Blech (ca. 35 x 40 cm) setzen und kalt stellen.

Für den Biskuit die Eiweiße mit 3 EL Wasser und Salz steif schlagen, den Zucker einrieseln lassen. Eigelbe verquirlen und unterziehen. Mehl, Stärke und Backpulver sieben und unterheben. Den Teig auf das Blech mit den Tupfen streichen und in ca. 10 Min. goldgelb backen. Noch heiß auf ein mit etwas Zucker bestreutes Geschirrtuch stürzen. Backpapier abziehen und den Biskuit wenden, sodass die Punkte nach unten zeigen. Mithilfe des Tuchs von der Längsseite her aufrollen. Abkühlen lassen.

Für die Füllung Quark, Zucker, Marmelade und Vanillezucker verrühren. Himbeeren unterheben. Sahne steif schlagen, Stärke und Puderzucker einrieseln lassen und alles unter den Quark heben. Biskuit entrollen, mit Himbeercreme bestreichen und aufrollen. Mind. 2 Std. im Kühlschrank fest werden lassen.

Himbeer-Vanilleschaum-
Streuselkuchen

FÜR 1 BACKFORM (CA. 20 X 30 CM)

Für den Teig
440 g Mehl
2 TL Backpulver
250 g kalte Butter, in Würfeln
3 EL Puderzucker
5 Eigelb

Für die Füllung
5 Eiweiß
240 g feinster Zucker
1 Pck. Vanillezucker
2 Pck. Vanillepuddingpulver à 40 g
125 ml neutrales Öl
500 g Himbeeren
1 EL Puderzucker

Für den Teig Mehl mit Backpulver vermischen. Butter, Puderzucker und Eigelbe zugeben und alles zügig zu Streuseln verarbeiten. Abgedeckt mind. 30 Min. kalt stellen.

Den Ofen auf 180 °C vorheizen. Eine rechteckige Backform mit Backpapier auslegen. Etwas mehr als die Hälfte des Teiges in die Form geben (den Rest wieder kalt stellen) und zu einem Boden flach drücken. Ca. 20 Min. vorbacken und abkühlen lassen. Die Ofentemperatur auf 190 °C erhöhen.

Für die Füllung die Eiweiße steif schlagen, dabei Zucker und Vanillezucker einrieseln lassen. Das Puddingpulver sieben und untermischen, zuletzt unter Rühren das Öl zugießen. Die Creme auf dem Teigboden verteilen. Die Himbeeren mit Puderzucker bestäuben und mit dem Löchlein nach oben in die Creme drücken. Kuchen mit den restlichen Streuseln bedecken und in 30 – 40 Min. goldgelb backen. Vor dem Anschneiden vollständig abkühlen lassen.

Himbeer-Cheesecake
mit Schokokeksboden

Für den Boden

125 g Schokokekse mit Vanillefüllung
  (z. B. Oreo)
1 EL Kakaopulver
40 g weiche Butter

Für den Belag

300 g Frischkäse
60 g Puderzucker
1 EL Zitronensaft, frisch gepresst
1 TL Bourbon-Vanillezucker
200 ml Sahne
2 TL Himbeersirup nach Belieben
125 g Himbeeren
ca. 3 TL Himbeerkonfitüre ohne Kerne

Für den Boden die Kekse fein zerkleinern und mit dem Kakaopulver mischen. Kekse mit Butter in eine Schüssel geben und zu einer krümeligen Masse verkneten. Die Masse in eine Springform füllen und mit den Fingern fest andrücken. Kalt stellen.

Für den Belag den Frischkäse mit Puderzucker, Zitronensaft und Vanillezucker cremig rühren. Die Sahne steif schlagen und unter die Frischkäsemischung heben. Nach Belieben Himbeersirup unterrühren. Die Hälfte der Masse auf den Keksboden streichen und die Himbeeren gleichmäßig darauf verteilen. Den Rest der Creme daraufgeben und glatt streichen.

Die Himbeerkonfitüre leicht erwärmen, damit sie flüssiger ist, anschließend in Tropfen auf den Kuchen träufeln. Die Oberfläche mit einem Holzstäbchen in geschwungenen Linien durchziehen. Den Kuchen für mind. 3 Std. kalt stellen und mit einem angefeuchteten Messer anschneiden.

Italienische
Himbeer-Baiser-Torte

FÜR 6–8 STÜCKE

Für die Baiserböden
8 Eiweiß
¼ TL Salz
400 g Rohrohrzucker
40 g Speisestärke
2 TL Apfelessig

Für den Belag
700 ml Sahne
200 g Zartbitterschokolade,
   grob gehackt
2 TL Vanilleextrakt
50 g Puderzucker
450 g Himbeeren

Den Backofen auf 120 °C vorheizen. Für die Baiserböden die Eiweiße mit Salz steif schlagen, dabei den Zucker langsam einrieseln lassen. So lange rühren, bis sich der Zucker vollständig aufgelöst hat. Die Stärke mit Essig verrühren und unterziehen.

Die Bleche mit Backpapier auslegen. Aus der Baisermasse drei runde Böden (ø 22 cm) auf das Papier streichen, zum Abmessen eine Springform verwenden. In den Ofen schieben und den Stiel eines Holzlöffels in die Tür klemmen. In ca. 1 ½ Std. cremeweiß und knusprig backen. Den Ofen ausschalten und die Böden bei leicht geöffneter Tür mind. 2 Std. abkühlen lassen.

In einem kleinen Topf 100 ml Sahne erhitzen. Vom Herd nehmen und die Schokolade unter Rühren darin schmelzen. Die abgekühlten Böden mit ¾ der Schokoladenmasse beträufeln. Im Kühlschrank fest werden lassen. Die restliche Sahne steif schlagen, Vanilleextrakt und Puderzucker untermischen. Die Baiserböden mit Sahne bestreichen und die Himbeeren darauf verteilen. Alle Böden aufeinandersetzen und den obersten mit der restlichen Schokolade beträufeln. Die Torte vor dem Servieren ca. 2 Std. durchziehen lassen.

Himbeer-Walnuss-Kekse
mit Cheddar

FÜR CA. 32 STÜCK

180 g Mehl
3 EL Muscovado-Zucker (alternativ
   Rohrohrzucker)
1 TL Backpulver
1 Prise Salz

120 g kalte Butter, in Würfeln
100 g Cheddar, gerieben
200 g Himbeerkonfitüre
75 g Walnusskerne, fein gehackt

Den Backofen auf 170 °C vorheizen. Das Mehl mit Zucker, Backpulver und Salz mischen. Die Butter zugeben und alles mit den Händen zu Streuseln verarbeiten. Den Cheddar untermischen.

¼ der Streusel abnehmen, auf den Boden einer mit Backpapier ausgelegten Backform (20 x 20 cm) geben und andrücken. Mit Himbeerkonfitüre bestreichen und mit Walnusskernen bestreuen. Die restlichen Streusel gleichmäßig darauf verteilen. In ca. 25 Min. goldbraun backen. Vollständig abkühlen lassen und in ca. 32 rautenförmige Kekse schneiden.

Himbeeren

mit Vanillecreme und Karamellkruste

FÜR 4 PORTIONEN

500 g Crème fraîche
1 TL Bourbon-Vanillezucker
250 g Himbeeren

2 EL Whisky nach Belieben
170 g Demerara-Zucker
   (alternativ Rohrohrzucker)

Den Backofengrill vorheizen. Die Crème fraîche mit dem Vanillezucker vermischen. Die Hälfte der Vanillecreme in vier kleine Auflaufförmchen (alternativ in eine 20 x 20 cm große Form) streichen.

Die Himbeeren nach Belieben mit Whisky beträufeln, in die Förmchen setzen und mit der restlichen Creme bedecken. Gleichmäßig mit Demerara-Zucker bestreuen. Die Förmchen auf ein Blech stellen und den Zucker unter dem Backofengrill in ca. 3 Min. karamellisieren lassen. Sofort genießen.

Getrocknete
Himbeerröllchen

FÜR CA. 10 STÜCK

300 g Himbeeren
1 reife Banane (ca. 80 g)

1½ EL Apfelmus
1 Vanilleschote, Mark ausgekratzt

Den Backofen auf 50 °C vorheizen. Die Himbeeren pürieren und nach Belieben durch ein Sieb streichen. Banane, Apfelmus und Vanillemark zugeben und erneut pürieren. Das Püree sollte dickflüssig sein.

Die Mischung gleichmäßig ca. 3 mm dick auf zwei mit Backpapier ausgelegte oder mit Silikonmatten belegte Bleche streichen. Im Ofen ca. 6 Std. trocknen lassen, dabei stündlich die Backofentür öffnen, damit die Feuchtigkeit entweichen kann. Die Fruchtmasse muss sich am Schluss trocken und weich anfühlen und sich leicht vom Backpapier lösen lassen.

Die Himbeermasse mit einer Schere in 2,5 cm breite Streifen schneiden und einrollen. Die Röllchen halten sich in einem luftdichten Behälter ca. 1 Monat.

TIPP

Auch wenn es verlockend erscheint, die Temperatur
darf für das Trocknen nicht erhöht werden! Die Röllchen lassen sich
auch in einem Dörrgerät herstellen: zuerst 30 Min. bei 60 °C,
anschließend ca. 3 ½ Std. bei 47 °C trocknen.

Marmoriertes
Himbeer-Safran-Eis

FÜR 4–6 PORTIONEN

Für die Eiscreme
5 Eigelb (Zimmertemperatur)
150 g Zucker
350 ml Milch
350 ml Sahne
1 Vanilleschote, Mark ausgekratzt
1 Prise Safran
1 EL Akazienhonig

60 g geröstete ungesalzene Pistazien,
  fein gehackt

Für den Himbeersirup
250 g Himbeeren
100 g Zucker
2 Streifen Schale von 1 Bio-Zitrone

Für die Eiscreme die Eigelbe mit Zucker hell und schaumig schlagen. Die Milch mit Sahne, Vanilleschote, -mark und Safran sanft erhitzen (nicht kochen!). Vom Herd nehmen. Unter ständigem Rühren die Hälfte der Milchmischung langsam unter die Eimasse schlagen. Nun die Ei-Milch-Mischung in den Topf zur restlichen Milch gießen und bei mittlerer Temperatur erhitzen, bis die Creme eindickt, dabei stetig mit einem Holzlöffel rühren. Abkühlen lassen und die Vanilleschote entfernen.

Für den Sirup die Himbeeren mit Zucker und Zitronenschale in einen Topf geben, zum Kochen bringen und 10 Min. köcheln lassen. Durch ein feines Sieb streichen und kalt stellen.

Die Creme in einer Eismaschine gefrieren lassen. Den Honig und die Pistazien untermischen. ⅓ der Masse in einen Eisbehälter füllen und mit ⅓ des Himbeersirups beträufeln. Die restlichen Zutaten abwechselnd daraufschichten. Die Masse mit einem Holzstäbchen in geschwungenen Linien durchziehen (nicht zu stark mischen). Vor dem Servieren im Gefrierfach ca. 4 Std. fest werden lassen.

Himbeer-Spritz

FÜR 2 GLÄSER

10 Himbeeren
5 cl Aperol
3 cl Mandelsirup
ca. 20 cl Prosecco

Außerdem
Eiswürfel

Die Himbeeren mit Aperol, Mandelsirup und einigen Eiswürfeln in einen Cocktailshaker geben. Verschließen und mixen. Durch ein Sieb in zwei Sektgläser gießen und mit eiskaltem Prosecco auffüllen.

TIPP

Zu diesem Drink passt Vanilleeis.
Jeweils 1 Kugel Eis in ein Longdrinkglas geben,
Himbeer-Aperol zugießen und mit Prosecco auffüllen.
Nach Belieben mit je 1 Thymianzweig garnieren.

Himbeer-Minze-Sirup

FÜR CA. 250 ML

200 g Himbeeren
3 EL Zitronensaft

10 Minzeblätter
200 g Rohrohrzucker

Die Himbeeren mit dem Zitronensaft in einem Topf bei mittlerer Hitze erwärmen, bis die Früchte zerfallen. Die Minze zugeben und den Zucker unter Rühren einrieseln lassen. Köcheln lassen, bis sich der Zucker aufgelöst hat.

Durch ein feines Sieb in einen sauberen Topf seihen und 50 ml Wasser zugießen. Erneut aufkochen und in eine sterilisierte Flasche füllen.

TIPP

Mit Sprudelwasser (5:1) gemischt und mit einigen Zitronenscheiben garniert wird der Sirup zu einer erfrischenden Limonade.
Die Minze kann durch 1 EL getrocknete Rosenblätter ersetzt werden, dann passt der Sirup auch prima zu Prosecco oder versüßt eine sommerliche Himbeer-Rosen-Bowle aus Rosé, Sprudelwasser und frischen Himbeeren.

Rezeptübersicht

Frühstück

11   Arme Ritter mit gerösteten Himbeeren

9   Himbeer Curd

10   Himbeer-Kardamom-Bircher

12   Himbeer-Mandel-Schnecken

8   Himbeer-Schoko-Konfitüre mit Mandeln

Herzhafte Leckereien

17   Gebackener Camembert mit Honig-Himbeeren

18   Gorgonzola-Linguine mit Himbeeren

16   Grüne-Bohnen-Salat mit Himbeeren

13   Himbeer-Estragon-Essig

19   Mandellachs mit Himbeer-Rosé-Soße

21   Schweinemedaillons mit Himbeer-Schalotten-Soße

14   Sommersalat mit Himbeeren und Ziegenkäse

15   Spinat-Himbeer-Salat mit Grillhähnchen und Mango

20   Steak mit Himbeer-Whiskey-Rub

Süße Träume

28   Getrocknete Himbeerröllchen

22   Himbeer-Biskuitrolle mit rosa Tupfen

27   Himbeeren mit mit Vanillecreme und Karamellkruste

24   Himbeer-Cheesecake mit Schokokeksboden

23   Himbeer-Vanilleschaum-Streuselkuchen

26   Himbeer-Walnuss-Kekse mit Cheddar

25   Italienische Himbeer-Baiser-Torte

29   Marmoriertes Himbeer-Safran-Eis

Drinks

31   Himbeer-Minze-Sirup

30   Himbeer-Spritz